징검다리

정원석 시집

징검다리

해암

프롤로그

징검다리

흘러가는 물은
산허리를 품고
유유히 돌아간다

시는
감정의 기복을 타고
불현듯 태어난다

내 시의 뿌리는
언제나
새로운 만남으로 뻗어있다

삭풍 스러지는 계절
또 다른
미지의 세계 속으로

한 발 한 발
건너뛰어야 하는
징검다리 위에 섰다

2023. 정초에

첫 걸음
문 앞을 나서면 언제나 설레임

12	밤이 흐르는 강		38	가교架橋
14	순정		40	보헤미안 사유思惟
16	가스등		43	상사相似
18	파문波紋		44	아레나
21	오랜 기다림		46	재회
22	바다로 향한 마을		48	호반의 오수
24	노천카페		50	1516
26	외톨박이		52	알프스의 꽃
28	원반 위의 마을		54	언제나 그대
30	동그라미		56	스페인 광장
33	굽이쳐 가는 길이 멀리 간다		58	시간여행
34	흐린 오후의 축복		60	날아오르다
36	고요한 밤			

그리고
미지의 세계를 향해 떠나는 여정

Contents

- 64 변하는게 결국 인생이다
- 66 단풍사랑
- 69 노란 독백
- 70 녹차
- 72 다랭이논
- 74 댑싸리
- 76 동백
- 79 가야하는 길
- 80 가을 따라서
- 82 공곶이
- 84 꽃무릇
- 86 메밀꽃 필 무렵
- 88 백일홍
- 91 돌염전
- 92 가을 가을
- 94 말티재에 서다
- 96 맥문동
- 98 닻
- 100 둔세遁世
- 103 바람은
- 104 주상절리
- 106 주전골
- 108 덫
- 110 바다로 향한 길
- 112 수국
- 114 석문石門

가다가

멈추어 선 그 어딘가에 숨어있는 그리움

118 물빛 수채화	144 토스카나의 평원으로
120 함께 가는 길	146 피렌체에 가다
122 끌림	148 곤돌라의 바다
125 시에나의 푸른 밤	150 다섯 손가락
126 돌아오라	152 라가주오이
128 영혼의 초상	154 여름 축제
131 해원	157 발할라
132 바다가 그리운 마을	158 역사를 묶다
134 나폴리	160 밤베르크
136 콜로세오 옆에서	163 운하를 가로질러
138 판테온	164 여름동화
141 저 멀리	166 콘스탄츠
142 천지창조	168 어느 포구

아직도
창밖을 바라보며
내리는 흰 눈 속에 마음도 떠다닌다.

Contents

- 172 푸른 언덕
- 176 핑크뮬리
- 179 청보리 바람에
- 180 자작나무 숲에서
- 182 추암
- 184 매미성
- 186 맥주 예찬
- 188 간이역
- 190 비파담
- 192 솔아 솔아
- 194 갈바람
- 196 홀로
- 199 소천지
- 200 차귀遮歸
- 202 아끈다랑쉬
- 204 연서
- 206 산행
- 208 금빛 사랑
- 211 억새 몸으로 운다
- 212 노트르담의 종소리
- 214 흰여울
- 217 비움
- 218 산정
- 220 폭포 옆에서
- 222 달력 한 장

CHUNGWONSEOK
POEM & PHOTO

첫 걸음

문 앞을 나서면 언제나 설레임

밤이 흐르는 강 | 순정 | 가스등 | 파문波紋 | 오랜 기다림 | 바다로 향한 마을 | 노천카페 | 외톨박이 | 원반 위의 마을 | 동그라미 | 굽이쳐 가는 길이 멀리 간다 | 흐린 오후의 축복 | 고요한 밤 | 가교架橋 | 보헤미안 사유思惟 | 상사相似 | 아레나 | 재회 | 호반의 오수 | 1516 | 알프스의 꽃 | 언제나 그대 | 스페인 광장 | 시간여행 | 날아오르다

밤이 흐르는 강

유유히 흐르는 강물 위
빛바랜 가을의 애수
한 꺼풀 씩 떨어져
겨울 속으로 향하고

역사의 흔적이 고고한 도시
적막한 어둠을 밀어내고
화려한 조명 아래
꽃처럼 아름답게 피어난다

하얀 대리석 숲 속에
나풀거리는 붉은 드레스
무대 위를 날아
음악의 선율 위에서 춤추는
정념의 발레리나

허공을 가르며 쏟아내는
빛의 애무 받으며
아련한 별 빛 속으로
시월의 깊은 밤이 깊어 간다

– Budapest Danube 강에서

순정

한 줌 바람이 솟아올라도
난 여기 이대로
그대를 기다리겠어요

몰아치는
비바람이 나를 유혹해도
오직 가슴에 품은
마지막 모습을 기억하며
이 언덕 해맞이 하듯
그대를 기다리고 있어요

갈대 잎 흩날리는
외로운 날이 이어져도
난 아직 그대의 품 안을 느끼며
푸른 물결 위로 비친
단 하나의 모습
그대를 그리워하고 있어요

아직
오지 않은 바람도
기꺼이 가슴 설렌답니다

- Tihany 마을에서

가스등

밤 하늘 떠돌던
별 빛이 제자리를 잡고
조약돌 깔린 골목길
낙엽 구르는 소리 스산한데
어둠을 조금 씩 밀어내고
홀연히 다가오는 불빛

어느 시인의 애잔한 눈길에
푸른 절규로 타오르며
뜨겁게 달아 오른 가스등
저녁 담벼락에 하얀 빛 뿌리면
짙게 늘어뜨린 그림자
안개 내린 광장을 가로질러 간다

대성당을 돌아가며
밤새워 흔들리는 가로등 아래
젊은 연인의 밀어처럼
가을은 시나브로 깊어만 가고
꿈결 같은 그대 모습
찬연한 아침을 맞는다

- Zagreb 대성당에서

파문波紋

그대 숨결 헤집어
실타래 풀 듯 스며드는
청춘의 불꽃 승부
추억 속 회상이 그림처럼 쏟아진다

갈 길 바쁜 물길도
뒤돌아보며 머물 곳을 찾아
상념의 호수를 떠돌다
나직막한 여망의 속삭임
푸른 눈동자 속으로
깊숙이 빠져들고
불식간 방심한 넋두리
한 줌의 재가 되어 날린다

바람에 실려 가는
사랑의 기도
물잠자리 꽁지 떠난 파문 따라
가을 숲을 맴돌다
흔들리는 나뭇잎 위에
발그레 피어나고
세월을 가로질러 가는 발길이
그대 품에 숨는다

- Plitvicka 트래킹

- Rovinj 골목길 오르며

오랜 기다림

어쩜
만남의 인연이 깊을 터이지만
지나온 바람의 무게가
서리서리 쌓여
지친 발길이 머문다

해후에
북받쳐 오르는 환희
가슴 뛰는 날개 짓 치며
그대 향한 언덕으로 향하고
가다가 돌이켜
다시 향기에 젖는다

날이 갈수록
다가섬은 깊어져 간다

바다로 향한 마을

오밀조밀
빨간 지붕 줄지어
바다로 향하는 길을 따라
금빛 노을이 다가와
수면 위에 빛나고
파도 맞는 언덕 위로 퍼지는
성당의 종소리

졸음 겨운
오후의 적막 사이로
일 나서는 고깃배 따라
물새 떼 부산하게 움직이고
오래된 성벽 위에
햇빛 맞은 아이비 붉게 타오르며
가을이 왔음을 알린다

하루가 가듯
또 한 해가 저물고 있지만
풀포기 살아가는 순리처럼
이 작은 포구의 표정에선
미동의 기척도 보이지 않는다

- Piran성벽 위에서

노천카페

맥주 한 잔 따르며
그대라는 이름 앞으로
흐르는 강을 본다

장구한 세월을
쉼 없이 가야 하기에
떠나보낸 옛 일들은
담벼락에 하나 씩 그려 놓는다

강어귀의 노천카페에
언제나처럼 새어나오는
세상사는 이야기
강물은 여과 없이 삼켜버리고
파란 물줄기
오늘 해를 넘긴다

- Rubujlana에서

외톨박이

푸른 빛 감도는
깊은 산 외딴 호수
그리움 녹아 든 수면 아래
소망의 기다림 모아
한 줌 정표를 남겼다

툭 버려진 자리에
이루지 못한 사랑의 비애
수면 위에 늘어선
그림자에 숨어
반향 없는 세레나데 보내며
기나긴 세월을 건넌다

하릴없이 바라보는 하늘가
미끄러지듯 스쳐가는
기러기 너머로
반짝이며 떨어지는 석양
무심한 가을을 닮았다

- Bled 호수에서

원반 위의 마을

대지의 변방
드물게 오가는 인적을 지켜보는
한가로운 소들의 등 위로
태양이 떨어지면
씻은 듯 초롱대는 별 빛
밤하늘을 수놓고

차가운 이슬 맺힌 풀밭 위로
몽실몽실 물안개
깊은 계곡으로 흘러들어
아침 운무를 준비하는 사이
사스룽고의 모습이
육중한 무게로 다가온다

고요한 기다림이 지나고
여명의 장막이 걷히면
하얀 산봉우리들
빛나는 태양의 지휘 아래
둥글게 무리지어
파노라마를 펼치며 달려온다

하루를 돌리는 쳇바퀴
하늘 아래 첫 동네에 와서
끝없이 보이는 지평선 너머로
하얀 그림자를 수놓으며
푸른 초원 벗 삼아
발자국만 촘촘하게 그려간다

- Alpe di Siusi의 하루

동그라미

동그라미 두 개
불러 세우고
동그란 내 마음 보여주며
동그란 미소 짓는다

동그란 내 마음
저 아래 가 있으니
그렇게 보고 싶어
안달이 났었나 보다

푸른 비취 위를
아른거리며 떠도는
내 동그라미 찾아
동그라미 그리며 돈다

- Locatelli 산장에서

- 호흐알펜스트라세 바라보며

굽이쳐 가는 길이 멀리 간다

똑바로 가는 길은
금방 한계에 부딪히고

휘어진 길이
산을 넘고
물을 건넌다

조금 늦는다고
돌아간다고
마음 쓰일지 모르지만

굽이쳐 가야 멀리 간다

흐린 오후의 축복

손톱만큼 작은 틈사이로
쪽문이 살며시 열리며
지상 마지막 낙원의
매혹적인 풍경이
눈앞에서 빛을 발한다

단아한 교회 지붕
한 줄기 햇볕으로 빗어내니
세속의 먼지 말끔히 떨어버리고
청순한 소녀의 모습으로
전율하듯 다가온다

온 몸을 휘감은
산중정토의 황홀경에
감전된 눈꺼풀은 파닥거리고
얼어붙은 발걸음
넋 나간 나를 잃어버렸다

준산고봉이 시위하고
푸른 언덕에 생명을 불어 넣은
어둠 속의 한 줄기 빛 내림

피안의 심장이
고귀한 현신을 알리는 순간

- Santa Magdalena에서

고요한 밤

별 빛 초롱초롱
가슴에 떨어져
새근새근 잠들고
물소리마저 숨죽인
산골의 밤

십자가에 맺힌 숙명
조용히 되새기면
엄숙하게 다가오는 성령에
감사하는 기도의 음성
계곡에 퍼진다

가슴 가득 넘친 염원이
맴돌다 하늘로 향하고
사방에 은총이 충만할 때
오르간 소리 흘러나와
온 누리를 물들인다

고요한 밤 ~ ♪♬♪

- 독일 알프스산맥 아래
작고 아름다운 마을 Ramsau에는 500년 역사의
Parish Church of St. Sebastian(1512)이 있습니다.
Joseph Mohr는 이 교회에서 1818년 캐롤송
'고요한 밤'을 작곡하였답니다.

가교架橋

산등성이 흐르던
별 하나
호수 위에 고이 앉았다

잡으려 손 내밀면
외면하고
가만히 물결 흔들어 보인다

옆에 가려고
무던히 애썼지만
냉혹한 물길에 가로막힌
안타까운 세월
눈가에 이슬 맺힌다

간절한 서성임으로
쌓인 흔적 늘어만 가고
쏟아낸 염원
드디어 저 별까지 닿았다

다가서서 보는 모습
더욱 눈부시다

− Castle Ort 바라보며

보헤미안 사유思惟

개울이 빨갛게 물들어
유혹의 손짓을 보내면
성급한 마음부터 좇아갑니다

어디선가 그대 향기가 흩날리면
갈피를 잡지 못하고
두 다리가 부리나케 달려갑니다

언덕 아래 옹기종기 모여 있는
저 붉은 지붕 아래 어딘가에
그대가 머물고 있겠지요

하얗게 바래진 오솔길 따라
빈 성곽 위을 터벅거리며
그대의 흔적을 찾아 가는데

낙엽 사이 묻어 둔 그리움 조각
지워질까 두려워
한 걸음씩 살피며 걸어갑니다

- Chesky Krumlov
  성벽길 거닐며

한라산 백록담

이탈리아 돌로미테의 산중 호수

상사相似

오로지
한 사람만을 향한
그리움을 오롯이 품고

하늘 향해 열어 놓은
빈 가슴 가득
눈물만 고입니다

그리워하면
보고픈 마음이 용해되어
닮아간다고 하는데

우린
이역만리 대척점에 서서
서로 그리워만 하다가
스쳐 지나는 것도 모른 채
빗나가는 인연인가요

아레나

둥글게 두 팔 벌려
나 그대를 맞으리라

이 천 년 열어 놓은
인고의 하늘에
그리움 모두 날려 보내고
꿋꿋이 일어서서
그대 앞에 당당히 서리라

지는 석양
붉은 넝마 끌고 간
적막한 아드리해 위로
끝도 없이 몰아치는
파도와 함께 하며
묵묵히 한 갑자의 흔적을 모아
그대 앞에 다시 서리라

– Pula에서

재회

푸른 햇빛을 감싸고
미동조차 없는 수면 아래
깊숙이 가라앉은 그리움 품고
언젠가 떠나간 겨울이
눈앞에 다시 온 줄도 모르고
하염없이 기다림만 길어진다

떠다니는 뱃전에 실어보는
인연의 덩굴도
오후에 내려앉은
무거운 분위기를 이기지 못해
멀어지는 뒷모습만 우두커니
바라볼 수밖에 없는데

언제까지나 물가에 남은
지난 흔적을 되새기다 보면
추억의 그림자 드리워지고
한 결 같이 다가오는 그대 모습과
길가의 무표정한 석상마저도
가던 발길 돌리게 한다

- Hallstatt에서

호반의 오수

물의 요정이
핑퐁을 치며 돌아다니며
하염없이 빠져드는
호수 위에
내 마음도 같이 뛰놀고 싶어
우두커니 서 있는 어깨 위로
바람 한 자락 살짝
건드리고 갑니다

사랑하는 이가
산 위에서 살그머니 내려와
질투 아닌 질투를 하고
햇살도 눈부시게 방해하지만
물가의 고요는
모든 것을 흡입하고

칭얼거리는 낙엽 데리고
살짝 물러납니다

물에 빠진 내 마음은
아직
헤어날 생각이 없는 것 같습니다

– Sankt Wolfgang에서

1516

도나우강 물결 위에 비춰진
역사가 요동칠 때도
오크통은
그 자리에 있었다

세대가 변해
아이가 할아버지가 되고
다시 태어나도
묵묵히 누룩 부수며 빚어내는
술의 희나리

그 향그런 도가니에서
쏟아지는
한 잔의 회환
쭈욱 들이키는 순간
목 안을 휘돌아가는 향기에
진한 감동이
깊숙이 다가온다

어둑어둑한 주점
일렁이는 촛불

청량한 맥주 한 잔에
오백 년 숙성이 피워 올린
주향이 넘쳐 나와
오늘도 천천히 젖어들어
잠들지 못하는
밤을 보낸다

– Vienna 1516 Brewery에서

알프스의 꽃

깊은 산
찾는 이 없는 자리
홀로
지키는
꽃

벌 나비
발길 끊긴
천국의 입구
바람
이슬
벗 삼아
물 빛 사랑

스쳐가는
구름에게
임 소식 물어 보니
아직 멀다
안스런
얘기뿐이니
수심 찬 얼굴에

그리움
짙게 어린다

− Dolomite에서

언제나 그대

여기
나 혼자
남겨 두었다고
그대를 잊을까요

낙엽
하나 떨어져
얼굴을 간지럽혀도
깊은 심중엔
여전히 그대 모습

얼음처럼
차갑게 식은 가슴
갈바람에 흔들려도
그리움 한 송이
늘 품고 있답니다

푸른 물 빛
반짝이는 눈동자 아래

가만히 들여다보면
앙금처럼 묻혀 있는
언제나 그대

— Lago di Misurina에서

스페인 광장

로마에 가면
길 가운데 난파선 하나 있다

바르카차라 하는
부서진 배 모양의 분수가
광장의 중앙을 차지하고
쉼 없이 물을 흘리는데
스페인 광장이라 불린다

로마의 휴일에 등장해
유명세를 타면서
영화 본 사람보다 안본 사람에게
더 인기가 많아진
오드리헵번의 계단

모두들 이야기 속으로 들어가
난간에 앉아
아이스크림 먹으며
사진도 찍었는데

지금은 유물 보호한다고
이런 행위 금지되었다니

여기서의 무용담은
전설 속의 이야기가 되었다

역사와 스토리는
시간이 곱하여져 태어난다

시간여행

무너진 흙담 아래에
차곡차곡 쌓인 삶의 편지
찬란한 문화의 뒤안길에 누워
어제의 일들이 다가온다

세상의 핍박 덮어 쓴 채
높다랗게 솟아 오른 돌기둥
패잔병처럼 남아
한 줄기 바람결에 기대어
옛 일을 회상해 보지만
아득한 기억은 흙이 되어 날아갔다

팔라티노 언덕을 달리는
제국의 청춘들
이상과 야망 사이에서
방황하던 길 멈추고
멀어져 가는 세월에
연분홍 사연을 새겨 넣는다

- Foro Romano 거닐며

날아오르다

바람에 맞서지 마라

바람은 부는 대로 따라야지
덤비다가는
어디로 갈지 모른다
높이 뜨면 높새바람
귓전을 스치는 하늬바람
가슴에는 솔바람

바람에 얹혀 가는
동가숙서가식
머무는 곳 바로 인생주막

- Seceda 고원에 부는 바람

CHUNGWONSEOK
POEM & PHOTO

그리고

미지의 세계를 향해 떠나는 여정

변하는게 결국 인생이다 | 단풍사랑 | 노란 독백 | 녹차 | 다랭이논 | 댑싸리 | 동백 | 가야하는 길 | 가을 따라서 | 공곶이 | 꽃무릇 | 메밀꽃 필 무렵 | 백일홍 | 돌염전 | 가을 가을 | 말티재에 서다 | 맥문동 | 닻 | 둔세 | 바람은 | 주상절리 | 주전골 | 덫 | 바다로 향한 길 | 수국 | 석문

변하는 게 결국 인생이다

창살처럼 솟아난 바위 숲
스치고 지나간 억겁의 풍파에
깎이고 드러낸 인고의 흔적
베틀바위 바라보며
삶을 돌아본다

세상의 어느 한 모퉁이
한 줄 이어진 인연이
역사를 창조하고
흔적 없이 사라지기도 하고
심지처럼 버텨가기도 하지만
결국 오고 가는 일은
세월의 소관이다

물과 바람에 허물어지는
첨예한 바위 끝에 어리는 그리움
그 진한 향수에 취해
추억을 소환하여
옛 그림을 맞추어 가다 보면
나락으로 떨어진 얼굴들

애잔한 눈가로
물안개가 스쳐간다

흐르는 것은 막지 못한다

- 베틀바위 오르며

단풍사랑

어디엔가 숨어있던
진한 그리움
숲 길 어귀를 서성이던
사색의 흔적
가지 끝에 내려앉았다

무서리 곱게 내린 아침
들춰진 하얀 면사포 아래
아리도록 빨간 입술
농익은 포도주 향
가슴을 적신다

스치는 갈바람
부서지는 햇살이 머물다 간
먼지 앉은 유리창 너머
흔들리는 단풍잎
속삭이는 밀어

아~하 ~
아직
사랑할 시간이다

노란 독백

그대는
어디로 가시는지요

따라갈 수 없는
서글픈 현실
혹여나 들킬세라
환한 미소로 해님 보내고
뒤돌아서 눈물 보이는
해바라기 얼굴

쥐어짜는 고통
발아래 묻어 놓고
흔들리는 눈빛
항상 이별과 타협해야 하는
그건
남아 있는 이의 몫
그대는 고이 떠나소서

그대 떠난 황량한 벌판
원치 않는
무서리가 쏟아지겠지요

녹차 綠茶

말라 비틀어져야
제 맛이 난다

썩어 자빠져야
깊은 맛이 우러난다

크지도 못한 여린 잎
말리고
볶고
뭉개고
썩히고
고생한 만큼 대우 받는다

뜨거운 물속에서
서서히 기지개 펴는
참새 혓바닥
찻잎 하나하나
차가운 겨울건너
숙성의 시련
고난사가 새겨져 있다

다향에서
인생의 쓴 맛을 본다

다랭이논

첩첩 쌓인 그리움
비탈진 언덕을 서성이다
굴곡진 논둑을 따라
산허리를 돌아가서
흐드러진 치맛자락 날리며
녹색 바다로 향한다

가슴 가득 고인 눈물
방울방울 떨어져
옷소매 적시는 것도 모르고
일편단심 먼 수평선 향하는
망부석 밭떼기
한 톨 씨앗 피워 올려
알알이 영근 낟 알
작은 미소가 피어난다

해 저문 저녁노을에 비친
부르튼 손 등 같은 이랑
비지땀 얼룩으로 물들고
소슬바람이 기웃거리며
처음 본 놀이터처럼 돌아다닐 때

이루지 못한 사랑 다가오듯
둥근 달이 떠오른다

다랭이 논에는
언제나 사랑이 기웃거리고 있다

댑싸리

무서리 스치듯 곁눈질에
빨갛게 물들어
처연하게 갯가를 지키며
날 기다리고 있었다

하얗게 핀 억새꽃
빨갛게 핀 단풍잎 따라
온 몸으로 붉은 절규 외치며
몰아치는 바람 안고
둥근 가슴에
남은 그리움 품고서
스산한 가을을 건넌다

내 그리움의 정체가 나타나
나를 몰고 저 언덕을 오를 때
발설하지 못한 말들이
저 심중 아래를 맴돌지만
기어코 터뜨린 한 마디
나 그대 사랑하였노라고
나부끼는 낙엽 끝에 써진 연서
숨길 수 없어라
사랑은 온 몸으로 타 오른다

동백

스쳐간
인연의 모습이 그려진
붉은 언덕을 따라
찬바람 옷깃을 파고들고
진눈깨비 추적거리며
공간을 떠돌고 있다

모두 떠난 겨울
길가에 가득 찬 동백꽃
사무치는 그리움
온 몸을 불살라
폴폴 날리는 흰 눈 아래
동박새만 기다린다

빨간 꽃잎 어둠 밝히고
기다림이 언 땅 위에 굴러도
식지 않은 정열은
어두운 밤하늘로 날아올라
뜨거운 사랑
은하수처럼 걸어 놓았다

사랑이 지나간 자리

후두둑 꽃잎이 떨어져도
애끓는 임의 목소리
지고지순
놓지 못한 사랑
동백림을 가득 채운다

떨어져서 더 아름다운
동백이여

- 토왕성 폭포 바라보며

가야하는 길

길은 굽이치고
멀기만 한데
끝이 보이지 않는
험난한 여정

체념할 수 없어
두려움 떨치며
살며시 내려다보는

너에게 가는 길

가을 따라서

가을이 깊이 물든
오솔길 위로
지나는 이 없으니
주변은 고요 속으로 빠져들고
내려쬐는 햇빛만
나뭇가지에 걸려 대롱대지만
얼굴 발개지도록
가슴 위로 부풀어 오르는
숲의 소용돌이에
주위가 가득함을 느낀다

네가 걷고 있어서
더욱 더 그러하다

공곶이

멀고 험한 인생길
어우렁더우렁
산비탈 붙박이로 살면서
소담스레 피워낸 꽃의 아름다움은
정작 땅 속에 묻혀 있었다

동백 터널 사이로
그물처럼 쏟아지는 햇살
가지런한 돌계단 씻어 내리며
바다를 향하고 있지만
다랭이 화원에 빼앗긴 시선
더딘 발걸음만 옮길 뿐이다

호미 자루 닮아
굽은 허리로 피워낸 수선화
일렁이는 노란 너울이 되어
꿈꾸는 수평선 너머로
멀리멀리 퍼져나간다

솜털같이 수줍은 그리움 한 조각
하늘 위로 떠오른다

꽃무릇

맑은 이슬이
흙 속으로 스며들고
가슴 속 작은 꿈 자라서
붉은 단심으로 피었네

동토의 어둠과
성하의 뜨거운 열기
입술 끝에 맺힌 서러움
가을로 가는 길목에
성급한 마음 앞세워
옷깃도 여미지 못하고
겹겹이 감추어 둔
속마음만 들켰네

파르르 속눈썹
처연한 표정
임 오시는 길 찾아
삼 백 육 십 날 기다려
표표히 왔는데
빈손으로 돌아가는
허전함이란

그리움도 숙성되면
깨뜨리고 싶지
않은가 보다

메밀꽃 필 무렵

소금을 흩뿌렸던 들판
가을이 살금살금 스며들어
앙증스런 팝콘이 튀었다

하얀 여울이 지나간 자리에는
뜨거웠던 여름을 돌아보듯
격렬했던 추억이 맺혀있다

장돌뱅이 다니던 길 위에
또 하나의 나그네 되어 바라보는
메밀꽃 하얗게 덮인 언덕 위로
아련히 겹쳐지는 얼굴

물레방아는 여전히 돌고 있다

백일홍

밤새 떨치지 못한 서성임
여름날 무더위를 뚫고
내려 쬐는 고독이 무색하게
바람에 맞서 하늘거린다

가슴 깊이 숨어든 수줍음
살그머니 꽃잎을 비집고 나와
빛나는 세상을 마주하고
놀란 꽃봉오리 후드득 터뜨리며
돌담 위로 고개 내밀고는
지나는 구름과 조우하고 있다

한여름 매미 소리만큼
뿌리까지 쌓여 있던 그리움
배롱나무 끄트머리 알알이 맺혀
대놓고 내색하지는 못한 채
붉은 꽃으로 폭발하였다

돌염전

살그머니 왔다가
떠나간 자리에
보석처럼 빛나는
이 앙금은 무엇일까

하얀 마음 뒤집어
거무죽죽 표정 짓지만
떠날 수 없는 깊은 정에
반짝이는 흔적

그 마음 소롯이
짠물에 녹여내어
백옥 같이 탄생한 소금
바위 위의 돌염전

가을 가을

살그머니 앉았다
떠난 자리
텅 빈 한 쪽 가슴처럼
달아오른다

뜨거운 햇살
투명한 비늘 사이
황홀한 표정 때문에
남 몰래 품은 마음
적나라하게 들키고는
수습할 수 없는 부끄럼에
빨갛게 물들어버렸다

스치는 바람
흔들리는 빛내림 따라
잎새의 몸부림
일상처럼 지나간 유혹
벅차오르는 그리움
주체할 도리가 없어
막무가내 쏟아내고 있다

사랑에

빠진 줄도 모르고
처음 느끼는 설레임
웅성거리는 소란 속에
불타는 단풍잎
가을가을
깊어만 간다

말티재에 서다

유난히도 따스한
가을 오후의 햇살 아래
붉은 단풍이 빛나고
굽이치는 산길
힘찬 용솟음으로
말티재를 오르고 있다

영남과 호서를 잇는
소통의 대동맥이
저렇듯 역경을 이겨내고
구불구불 기어올라
마침내 이 말티재에서
화합의 정을 나눈다

붉은 단풍은 앞 다투어
축포를 발사하고
재 넘던 바람도 국화향에 취해
가던 발길 멈추고
겸연쩍게 단풍잎만
매만지고 있다

사각대는 낙엽 밟으며
가을로 빠져든다

맥문동

푸른 사랑
알알이
보랏빛 구슬

뾰족 잎사귀 위로
밥풀 모양 솟아오른
초롱초롱 등불

초원 위에
들불처럼 일어난
못 다한 몸부림

보랏빛 앙금 위로
무심히 지나가는 길손
가을 햇살

닻

기약 없이 떠다니는
물결 위의 삶이지만
항상 마음을 묶어 놓고
꿈속에서도 그리운
그곳에 머물고 싶다

망망대해 일엽편주
흔들리는 뱃전에 기대어
가슴 한 편 드리워진
사랑의 줄을 잡고
큐피트 화살처럼 달려간다

별빛 달빛도 외면한
미지의 세상에서
툭 떨어진 인연의 끄트머리
단 한 번 주저함도 없이
깊숙이 안아버린 그대여

세상 풍파 잠재우고
묵직하게 당겨오는
세월의 무게

방랑벽 멈추고
피안의 둥지를 튼다

그대 품에
닻을 내린다

둔세遁世

시끄러운 세상
차라리 외면해버리고
깊은 산중
물속에 뿌리내린 채
독야청청하리라

새벽안개 자욱한
호숫가에
물 건너는 소리 들려와도
고개 돌리고
모른 척 일관하리

수면에 비친
내 모습도 부정하고
세상의 순리 모두 배제하며
역린의 아픔 감내하고
세월이 흐르는 것도
애써 외면하리라

- 주산지 왕버들과 함께

바람은

눈이 없어도
높은 산 오르는 길
용케 찾아낸다

바람은
보고 있어도
가늠할 수 없는
물의 깊이를 안다

바람은
가지 끝에 매달린
낙엽이 가야 할 길
좇아간다

바람은
별 빛 스치고 간
하늘의 길
지키고 있다

주상절리

폭발하는 그리움
하늘 향해 솟아올라
풀썩 떨어진 자리
앙금처럼 엉킨 고독
삼 백 예순 날 기다림 속
남 몰래 피운 석중화

텅 빈 가슴으로
하얀 포말의 파도
산산이 부서져 가는 와중에
뜨거운 심장 얼어붙어
천애절벽 끝
망부석이 되었다

진한 애증의 그림자
대쪽 가르듯 외면해 버린
너와 나의 틈새
멀게만 느껴지지만
아직 식지 않은 열정
꼿꼿이 버틴
눈부신 아름다움

주전골

골짜기에 시립한 봉우리는
물길이 씻은 듯 빛나고
그 빼어난 아름다움
숨이 멎을 듯하다

곧은 심지 하나 믿었기에
떠나는 친구 바라보며
그 자리에 천 년을 하루 같이
이 하늘을 지키고 있구나

흘러온 세월을 돌아보면
단지 살아갈 길이 여기일 뿐
다른 연유를 알 수 없어
이 계곡에서 독야청청 하리니
산을 넘는 석양에
더욱 빛나는 모습이다

주전골에 빛나는 행자들
가는 길 결국 산의 품속이다

덫

빈 공간을 떠돌며
반딧불 같이 흩날리는
상상의 끄트머리
꽁지 빠지게 쫓아다니다
우두커니 서서 옆을 보니
그대가 와 있었다

실타래처럼 엉켜서
내 앞에 뿌려진 길을
한 움큼 쥐어서 펼쳐 놓고
발길 내키는 대로 하나 골라
하염없이 걸어갔더니
결국 다다른 곳은 너였다

한밤을 하얗게 세우며
침묵의 벌판을 가로질러
푸른 새벽의 끝까지 헤매다
지쳐 주저앉은 자리에
애타는 그리움의 종점도
어김없이 너였다

너 없는 곳은
세상에 존재하지 않았다

바다로 향한 길

바다는
푸른 물결로
찌든 마음 씻는다

깨끗한 마음이
빈 가슴에 가득 차면
들뜬 기분이
하늘로 날아올랐다
수면 위에 내려 앉아
하염없이 돌아다닌다

일렁이는 파도에
쏟아지는 물보라
방울방울 숨겨진 비밀 병기
사방으로 흩어지고
메마른 감정이
그 속에 흠뻑 빠져
헤어나지 못하고 있다

바다로 향한 길 따라
한 올 한 올 맺힌 꿈들이
안개처럼 피어난다

수국

연주색 꽃잎이
몽실거리며
한낮의 소나기처럼 내려와
돌 틈을 채우고
넘쳐흐른다

하얀 거품 일으키며
검은 돌 씻어내려
애를 쓰지만
보람도 없이
바위는 점점 더 검어진다

한 낮 뙤약볕이
바위를 굽고 있는 줄
모르고 있는지
수국은
꽃잎을 더 불러내고 있다

석문石門

가슴 한 쪽을 열어 제치니
후련하게 세상이 보였다

쪼개지고 무너지는
인고의 세월을 흘려보내고
막힌 곳 들어내고
바람을 맞이하니
고인 물길마저 소통한다

유유히 떠가는 돛배의 모습도
내 품에 안은 듯
물 위에 그림을 그리고
문틈으로 보는 좁은 세상에는
아름다운 풍경만 가득하다

저 푸른 강물이 밀물처럼 밀려들어
빈 가슴 가득 채운다

CHUNGWONSEOK
POEM & PHOTO

가다가

멈추어 선 그 어딘가에 숨어있는 그리움

물빛 수채화 | 함께 가는 길 | 끌림 | 시에나의 푸른 밤 | 돌아오라 | 영혼의 초상 | 해원 | 바다가 그리운 마을 | 나폴리 | 콜로세오 옆에서 | 판테온 | 저 멀리 | 천지창조 | 토스카나의 평원으로 | 피렌체에 가다 | 곤돌라의 바다 | 다섯 손가락 | 라가주오이 | 여름 축제 | 발할라 | 역사를 묶다 | 밤베르크 | 운하를 가로질러 | 여름동화 | 콘스탄츠 | 어느 포구

물빛 수채화

스치며 지나는 물결
수정처럼 빛나며
쪽 빛 영혼 알알이 튀어 오르고
응어리진 가슴이 풀려나가듯
보내기 아쉬운 얼굴들이
다가왔다 무심히 멀어진다

톱니기차 뭉게구름을 뚫고
비탈길을 힘겹게 기어오르다
이윽고 지친 한숨을 토해내면
유월의 푸른 골짜기 너머로
하얀 면사포를 쓰고
친근하게 다가오는 알프스

발아래 호수는 태양을 담고
소들이 한가로이 풀 뜯는
신록의 초원 사이로
꽃뱀처럼 유영하는 오솔길
그 위를 거니는 마음이
기나긴 동화 속으로 빠진다

흠뻑 젖은 마음이
속세로 돌아가기까지는
꽤 시간이 필요할 것 같다

- Mt. Rigi에서

함께 가는 길

그대의 별빛 좇아
지평선까지 가면
그대를 만날 수 있을까

작은 다리 건너
소용돌이치는 물결 헤치고
가만히 다가온 별빛
수줍은 우수에 반짝이는 눈
새벽안개에 잠들고
그리움 한 조각 떨어져
그 옆에 앉았다

길게 늘어선 기다림의 흔적
이끼 낀 교각에 새기며
무던히 다가서려 하였으나
너와 나는 언제나 엇박자
하지만
처마 끝에 뚝뚝 떨어지는 이슬처럼
서로를 향한 염원은 하나

얽히고설킨 그리움의 실타래

한 올씩 풀어 접어
산마루 저만치 돛을 달고
함께 가야 하는 길
엉성하게 걸린 널빤지마다
사랑의 행적 남기며
낡은 다리 삐걱대며 건너간다

내 사랑의 연락선
뱃고동 소리 길게 들려온다

- Luzern Kapellbrucke에서

끌림

사무친 그리움에
내밀어 보는 손끝에
이슬처럼 스치는
그대의 향기
흘러가는 구름 따라
아련히 멀어지고
주체 못 할 마음도
정처 없이 따라 갑니다

물 위를 걷는
붉은 단심은
풍파에 시달려도
흔들림 없는데
흔적조차 사라진 그대 모습
하얗게 불살라버린
외로운 촛대처럼
스스로 무너집니다

다가서지 못한 아쉬움
한으로 가슴에 품고
기울어진 잣대를 원망하며

한 세월 떠도는 부운처럼
망연히 떠나는 자리에
고향의 빈들처럼
품어오는 그대

우리는
결국
이대로 머무는 인연인가요

- 피사의 사탑에서

시에나의 푸른 밤

차곡차곡 흙담 위
푸른 정기로 피어오르는
유구한 삶의 애환
석양 아래로 베어난다

성급한 귀뚜리 소리 더불어
고색창연한 골목길을 거닐다
별 빛 찬란한 캄포 광장에 누워
나에게 주어진 조그만 하늘
파란 물감을 풀어헤쳐 두고
호기심 어린 눈으로 바라본다

변함없는 만지오의 종소리
깊은 계곡 아래로 가라앉고
어둠 속에서 깨어난
사유의 자손들은
빈 공간을 떠돌아다니는데

천 년 빛깔
초하의 붉은 고성은
여전히 정적에 잠겨 있다

돌아오라

노도의 사랑이 휘몰아쳐
메마른 가슴을
휩쓸고 지나가고 나서
주변을 돌아보니
짙은 생채기 안에 심어진
밀알 같은 그리움이
눈부신 꽃으로 피어난다

이미
떠난 인연인 줄 알았는데
돌아보는 뒷모습
가실 수 없는 애잔함에
마음은 정작 떠나지 못하고
붉은 태양 아래
물 위를 떠돌고 있다

지고지순한 사랑은
한 순간의 폭풍에
흔들리지 않고
끊어진 절벽을 탓하지 않으니

다시
돌아오라 소렌토로

- Sorento 앞 바다에서

영혼의 초상

하늘 받치며 솟아오른
굳은 신념의 화신
장구한 역사의 시련 속에서
찬란한 빛을 발하며
르네상스를 건넌다

주님 영접하는
첨병의 자리를 지키는
신상들이 내려놓은
간절한 염원들이
세월의 경계를 넘나들며
곳곳으로 스며들어
고뇌와 환희를 발한다

천 년을 자란 대리석 기둥
눈 길 닿지 못하는 곳까지 솟고
눈부신 오색 스테인드글라스
온 천지 무지개를 놓을 때
대성당의 종소리

– Duomo di Milano에서

안개 속을 뚫고 퍼져나가
가슴 가득 성령을 적신다

주위를 가득 채운 아침 안개
스스로 흩어져
나풀거리며 날아오른다

- Capri 섬에 다가서며

해원

코발트 빛 드리운
심원을 뚫고
한 줄기 운명으로 다가온 그대
어둠 속 푸른 서광이어라

멀리 떨어져
외로움 벗 삼아 살면서
철썩이는 바닷물이
바람의 손짓으로 유혹하여도
오직 단 하나의 순애보
기다림은 기쁨이어라

작열하는 태양 아래
그을린 어깨 가득 짊어진
그 숱한 세월의 무게
기다린 만큼 가까워진 것은
그대라는 인연이었네

바다가 그리운 마을

가만히 문 열고
내려다보는 저 멀리
그대가 보입니다

수평선 위로 솟구치는
돛배의 흔들림 사이로
쌍무지개 서고
절벽에 붙은 벌집 같은 집들
그 화려한 꽃밭을 누비며
그리움만 부풀어
저 멀리 날아갑니다

비탈진 골목길 아래로
꽃향기 뿌리며
다가올 것 같은 그대 모습
하염없이 기다림에 빠져도
지치지 않는 희망으로
오늘을 보냅니다

오뉴월 햇살은
그대 뒷모습을 따라가는
그림잔가 봅니다

− Positano에서

나폴리

흔들리는 돛배 따라
쉼 없이 다가오는 물결
성벽 아래에 철썩이다
떠가는 구름과 함께 어우러져
파란 바다 속으로 스며든다

포효하던 베수비오 화산
저 멀리 시침 떼고 서서
이 천 년의 침묵을 지키며
연안을 바라보고 있는데
바다는 기척도 없이 고요하다

상인들이 오가는 골목길
옛 모습 남은 집 안에
손 때 묻은 대문 너머로
분주한 손길과 섞인
소음으로 가득하다

지중해의 꿈이 가득한
정열의 도시가 쏟아내는 환호

푸른 물속에서 메아리치다
긴 뱃고동 소리 벗 삼아
나폴리 항을 떠난다

콜로세오 옆에서

한 땀 한 땀 쌓아올린
견고한 성벽도
그대를 향한 믿음이었소

역사의 소용돌이에 휘말려
만신창으로 몰릴 때도
오늘을 기약했다오

세월이 가고
사람이 떠나갈지라도
언젠가 다시 돌아볼 날 있겠지

저 하늘이 무상해
주위를 지키는 이 없어도
흘러가는 구름에 기대서라도

판테온

오쿨라스 눈이
하늘 향해 활짝 열린
높다란 천정 돔 안쪽으로
로마를 수호하는 신들이
가만히 성수를 내밀며
내려다보고 있다

정면에 일렬로
늘어선 둥근 기둥이
이 천년 역사를 지탱하며
도열해 있는데
신을 향해
환호하는 사람들
둥근 회랑을 가득 채우고
쏟아내는 열기가
하늘로 솟는다

로톤타 광장 가운데
분수 물 솟아오르면
물안개 사이로
오색 무지개 피어나고

그 사이로 비치는
판테온
더욱 신비함을 더하는데
분수 위의 오벨리스크
외로운 하늘에 기대어
향수에 젖는다

- Civita di Bagnoregio 다녀오면서

저 멀리

실 낱 같은
화두를 머금고
하늘에 닿은
갈망을 좇아서
먼 길 돌아돌아
한 걸음에 달려 왔다

너에게 가려고
무던히 애썼지만
바라만 보다 아쉬움 안고
발길 돌리면서
공허한 외로움에
떨어야 했다

외줄다리 하나로 인하여
찾아 온 행복
단 하나의 소통구 따라
이젠 마음을 열고
달려가자

너의 곁으로

천지창조

순간적
만남에서
피어오른 한 점의 불 빛
돌아보니
필연이었다

손끝에 다가온
운명의 끈
가슴에 감싸 안고
불타는 영혼이
그대에게로 달린다

사랑의
시작은
예술이었으나
종착역은
천지창조였다

- 바티칸 시스티나 성당
미켈란젤로의 벽화 보며

토스카나의 평원으로

줄지어 선 사이프러스
굽이치는 신작로 끄트머리에
붉은 지붕 옹기종기
지는 석양 따라서
어스레 깔리는 연기 아래
밥 짓는 소리가 들리는 듯하다

푸른 언덕이 하늘에 닿아
흰 구름 머플러를 걸치고
먼저 나선 마음이 달려가서
처음 보는 설렘에 휩싸여
다가서다 수줍은 표정 지으며
수풀 속으로 숨는다

굽이쳐 가는 언덕에는
끝없이 이어지는 포도밭
햇볕에 반짝이는 이파리 아래
주렁주렁 포도송이 달렸는데
헝클어진 파란 덩굴에서는
벌써 와인 향기가 난다

-Toscana Orvieto지나며

피렌체에 가다

좁은 골목길
회색빛 이끼 아래
문예 부흥의 신념이 심어져
칠백 년
꽃이 피고 있다

골목이 모이는
시뇨리아 광장 한 쪽
다비드의 눈 빛 가는 곳에
돌팔매가 춤추고
헤라클레스의 두 주먹에
세상이 평정되니
분수가 현란하게 춤춘다

베키오의 상인
다리 위에 펼친 난전에서
옛적부터 한결같이
길손들 마음을 붙잡고
역사를 팔고 있다

미켈란젤로 언덕에서 발현한

숭고한 예술혼
피렌체 구석구석을 섭렵하고
대성당에서 폭발하여
옛 성도를 덮고 있다

— Firenze 돌아보며

곤돌라의 바다

흔들리는 뱃전
한 아름 추억 싣고
거미줄처럼 얽힌
물의 골목을 헤치고
이리저리 헤엄치다
리알토 다리 위에 선
그대를 본다

그대 더불어
바다를 향해 갈 때
푸른 물결은 철썩이며
뱃노래를 부르고
코 끝을 스치는
바람이 간지럽다 느낄 즈음
어느새 다가온
산마르코 광장에
깃발을 높이 세웠다

작열하는 태양 아래
베네치아 바다를 주름잡고
미끄러지는 곤돌라

— Venezia에서

불끈거리는 삿대질 중에
하늘 향해 터져 올리는
사공의 산타루치아는
메아리 되어
멀리 퍼져 나간다

춤추는 곤돌라
끄덕거리며 잘도 흐른다

다섯 손가락

풀지 못한
한 줌의 그리움이
산봉우리에 모여서
먼 하늘을 향하여
하염없이
손짓을 하고 있다

세월의 한 모퉁이
하루하루
그리움의 크기는
자꾸만 자라나
가마득 하늘을 메우지만
휑하니 비어버린 주변엔
정적만 맴돌고 있다

모두 다 떠나보낸
다섯 손가락
외로운 산을 지키며
전설 속에 묻힌
가슴 시린 이야기
파내고 있는데

저 아래
골짜기를 타고 오는 구름
굳이 또 그것을
끄집어내 펼쳐 보인다

– Cinque Torri에서

라가주오이

붉은 암벽은
오로지 날짐승의 영역
접근을 거부하는
거친 산 위에서
지나온 삶을 돌아본다

저 아래에서
구불대며 뻗어가다
미지의 골짜기로 내달아가는
좁은 길
내가 가야할
인생의 여정인데

풀 한 포기 허용 않는
깐깐함으로 무장한 산봉우리는
토닥토닥 다독이며
그 길을 보여준다

− 2700고지에서

여름 축제

산 속 여름
녹색 물결 속에 펼쳐진
야생화의 천국

이름도 아리송
들판을 노랗게 물들인
꽃 바다에
풍덩 빠진 황홀경
숨 막혀
푸드덕 대고 있다

사소룽고
묵직하게 내려 볼 때
저어기 기죽어서
돌아 본 세체다
빼곡히 채운
순결의 야생화
천상의 화원
한여름 최고의 선물

아래 마을

\- Seceda 언덕

봄 꽃 출발하여
여기까지
축제 즐기러 왔는데
벌써
여름이 되었다

- Regensburg Walhalla신전에서

발할라

한 결 같은 마음
하늘에 닿을 듯
도나우 강 내려다보이는
산언덕 위에
하얀 점이 되었다

내가 사랑한
모든 이의 모습에
경의의 숙연함 담아
빗살처럼 늘어선
하얀 석주에 새겼다

흐르는 물은
말이 없다

역사를 묶다

옛날에 불던 바람이
아직 머물고 있는 거리
고색창연한 성당들을 바라보며
벌려진 입을 다물지 못한 채
모자이크 조약돌 길을
휘적휘적 돌아다닌다

유월의 뜨거운 햇살에 맞서
길거리 맥주 한 잔으로 달래고
중세 삶의 흔적을 느끼며
골목길 구석구석 맴돌다
언덕 위에 늠름해 보이는
뉘른베르크 성으로 향한다

적벽돌 촘촘하게 쌓아올린
성벽 위의 개선문을 지나면
아름다운 꽃들이 심어진
전통 양식의 소박한 궁궐
문화의 향기가 베어나는
정겨움이 가득하다

- 뉘른베르크에서

바이에른 종가의
기품은 언제나 빛나고 있다

밤베르크

옛 사랑이
아련히 스쳐가는
낡은 색 골목길 끝에는
1405부터 빚어 온
훈제맥주 타는 향기 가득하고
강물은 밤새 소리 내며
글라스 위로 흘러든다

링커 강을 가로지르는
다리 가운데엔
시청이었던 박물관이
외로운 모습으로 걸려있고
고뇌에 찬 옛 성현들이
가로등과 마주보며
긴긴 밤 난상토론을 하는 사이
포구에 물안개 짙게 내리고
아침 이슬을 흠뻑 덮어 쓴
강가의 집들이 깨어난다

언덕 소로를 따라
알텐부르크 성에 올라
붉은 기와 반짝이는

동네 내려다 보다
성벽을 따라 다가선 곳에
살짝 숨어든 장미 정원
빨간 장미에 취해 내려오니
광장에 둘러앉은
빨간 사람들의 우스운 모습
궁금증을 자아낸다

밤베르크
역사를 품고 있는 풋풋한 매력
가슴 속에 지워지지 않을
한 점으로 남을 것이다

- 뷔르츠부르크에서

운하를 가로질러

빨간 지붕이
살짝 비켜 앉은 마인강
깊은 수로에 갑문
강을 여행하는 배들이
부지런히 널뛰기를 한다

언덕을 오르는 포도덩굴
반짝이는 햇빛
비탈길을 거슬러 오른
성곽 위에는
말 달리던 모습

알테마인 다리 위에
성현들이 시립해 있는데
육의전 아이스크림의 달콤함
하나씩 든 사람들
멀리 왕궁으로 향한다
역사의 흔적을 품은
부지런한 도시는
여전히 찬란한 모습이다

여름동화

타우버 강 건너 붉은 지붕이
신기루처럼 솟아오르면
어머니의 젖가슴처럼
포근한 감상에 젖어
한없이 바라만 보고 있다가
살포시 두 손 모으고
야곱 성당으로 향한다

알록달록 골목 안으로
저녁 그림자가 들어서면
일제히 날아오른 불빛
은하수 동산을 이루고
들뜬 마음은 자리 잡지 못하고
여기저기 방랑 아닌 방랑을 위해
길을 나선다

가슴을 쏙 빼어 놓을 듯한
아름다운 감성이 표출되어
길거리에 나란히 늘어놓은
옹기종기 조각 같은 집들
한여름 내 발길을 꽁꽁 묶어 놓고

옛 이야기처럼 소곤소곤
천진스런 동화를 들려준다

- Rotenburg ob der Tauber

콘스탄츠

파란 하늘
파란 물결
끝없이 펼쳐진
보덴제 끄트머리
새 둥지처럼 자리 잡은
변방의 포구

오가는 연락선
뱃고동 소리
퐁당대는 숭어 따라

덩달아 뛰는 춘심
물 위에 내려놓고
저 먼 수평선에
뜨는 그리움
가만히 잡고 있을 때

수면을 타고 번지는
저녁노을 따라
나지막하게 흐르는
국경의 변주곡

어느 포구

어부의 낡은
그물코 사이를
뾰족 비집고 나온
헤말간 벽화 달고
옹기종기 모여
맑은 물에
발 담그고 논다

푸른 라인강이
빙하의 알프스를
달려 내려와
콘스탄츠 호수에서 머물다
다시 힘내기 시작하는
작은 포구
퐁당퐁당 물놀이
하루해가 저문다

그녀의 모습은
아직 물가를 거닐고 있다

– Stein am Rhein에서

CHUNGWONSEOK
POEM & PHOTO

아직도

창밖을 바라보며 내리는 흰 눈 속에 마음도 떠다닌다

푸른 언덕 | 핑크뮬리 | 청보리 바람에 | 자작나무 숲에서 | 추암 | 매미성 | 맥주 예찬 | 간이역 | 비 파담 | 솔아 솔아 | 갈바람 | 홀로 | 소천지 | 차귀 | 아끈다랑쉬 | 연서 | 산행 | 금빛 사랑 | 억새 몸으로 운다 | 노트르담의 종소리 | 흰여울 | 비움 | 산정 | 폭포 옆에서 | 달력 한 장

푸른 언덕

푸른 하늘
푸른 숲
맑은 물 흐르는 곳
푸른 가슴 안고 살자

솔향기 젖은 바람
속삭이며 머물다간 후
아침 이슬 발자국 소리에
꽃송이 피어나고
멀어졌던 동심이 찾아와
숲 속 산새와 노닐다가
어스름 별빛 아래
반디불이와 숨바꼭질 한다

후두둑 소나기에
놀란 흙먼지 일어나고
산등성이 잇는 무지개
오색 추렴이 툭 떨어지면
화들짝 매미들의 노랫소리
동네를 들썩이고

뜨거운 태양의 애무 아래
축복의 대지 신록이 춤춘다

더위가 띄엄띄엄 구멍 날 즈음
한들거리는 들국화
기러기 떼 높이 노을을 날고
달빛 교교한 밤하늘에
사각거리는 갈잎의 노래
여명을 뚫고 다가오는 단풍
온 산을 덮으며 내려와
청명한 하늘이 활짝 열린다

소복하게 쌓여가는 흰 눈
온 천지가 별천지
화톳불 일렁이는 창 밖에
한 쌍의 무심한 노루
겨울 숲 속으로 사라지며 남긴
기다란 족적
가지 끝 수정 얼음 들추고
숨겨진 생명의 꿈이 피어난다

사계절
푸른언덕에는
삶이 영글고 있다

핑크뮬리

찬바람이
볼 옆을 스칠 때까지
채워지지 않는 가슴은
숨죽인 흐느낌
허공을 가로질러
달을 봅니다

찬 이슬
등 뒤를 촉촉이 적셔 와도
외로운 두 눈은
목마른
사랑의 샘 찾아
사방으로 좇아 다닙니다

발갛게 들켜버린
사랑의 궤적
한밤이 다 지나도
쉬지 않고 새 그림을 그리다
아침 햇살에
눈부시게 빛납니다

가을이
이미
가슴을 가득 채운 줄도 모르고...

청보리 바람에

오월이 익어가는 계절
나의 밝은 미소는
찬 겨울
언 땅 비비며 놀던 기억의
반의적 표출인가 보다

나비가 고치를 뚫고
하늘을 날 때까지 만큼
고통과 시련의 기억이지만
푸른 패기로
눅눅한 기억을 날려버린다

산들거리는 봄바람을 따라
휩쓸려 가는
청보리 물결처럼
기약 없이 떠나는 발걸음
하늘가를 노닌다

자작나무 숲에서

개울 따라 오솔길
살며시 스며든
어느 기억하고픈 날에
나풀거리는 나비 떼
가마득하게 올라가서
하늘 가득 채우고
봄비처럼 쏟아지는
빛 내림

깊은 산중에
오직 하나의 기다림으로
하얗게 변해버린 가슴
버려진 잔상이 쌓여
낱 곡처럼 붙어있지만
포기 없는
사랑의 신념
화살처럼 뻗어나갔네

임 향한
세레나데의 절규
사방으로 퍼져 나가면
간간히 돌아오는 소리

귀 기울여 보면
그저
지나는 무심한 바람일 뿐

바램의 간절함이
하늘 향해 솟아올라
돌 같이 단단하게 굳어서
눈부신
사랑의 흔적으로 남았다

자작나무는
속삭이는 것만 아니었다

추암

떠난 자리
물 속 깊이 뿌리내린
한 줄기 인연만
절벽 끝을 지키고 있다

흘러간 세월 속
풀어 놓지 못한 절규
칼날 같은 심지 되어
거센 파도 속에
굳은 눈빛을 묻는다

홀로 지고 가는
고독한 사랑의 길
출렁이는 물결 위를
바람처럼 맴돌다가
수평선 무지개를 그리고
갈매기 넘실대는 언덕 위로
그리움 피어오른다

결국
스스로 덫에 걸린 사랑

매미성

숙명의 매듭은
우연히 온 것 같지만
애초부터 예정된 일이었나 보다

돌과 애무하며
한 세월을 접어 넣은 포구에
한 겹 한 겹 벗겨지는 예술혼
아직 갈 길이 남았음에도
정교하고 아름다운 위용은
삼남을 뒤흔들고 있다

유려한 곡선을 타고 흐르며
하늘거리는 바람조차
그냥 지나치기가 아쉬워
수이 뜨지 못하고 맴도는데
무심한 갈매기 날개짓에
다도해 푸른 섬들이
성곽 위에 쏟아진다

발끝에 와 닿는 고독한 파도
망망대해를 떠다니는 그리움

어둔 하늘 허공을 맴돌지만
수평선 향한 호연지기로
새벽을 여는 태양처럼
찬란한 매미성의 역사는
길이 빛나리라

맥주 예찬

어스름 달빛이 흐르고
바람이 머무는 자리에
한 잔의 맥주를 부딪치며
하루를 비운다

입술을 적시며 도발하는
향긋한 호프향에 취해
지긋이 기울인 글라스 위로
세월에 기댄
나락이 허공으로 뜬다

굴뚝을 감싸고 도는
맥아 볶는 냄새에
이끌리듯 들어선 목로주점
이내 친숙한
분위기에 빠져들고
주거니 받거니 소란 속에
거품 가득 맥주잔을 채운다

밤이 흐르는 창가
빈 맥주잔에 별이 쏟아진다

간이역

그림자보다
긴 기다림을 밟고 섰다

기대 속에
옷깃 세우고
바람 맞으며 바라보니
왔다가 멀어지는
인연 아닌 스침
실체 없는 안개일 뿐이다

간이역
성근 판자 벽 사이로
기적 소리 앞세워
장승처럼 나타난 기차는
덜컹거리는 소리를 남기고
조그만 점이 되어
적막 속으로 사라진다

철길
평행선에 갇힌 기차는
행선지라도 있지만

밤이슬 젖도록
머물 곳을 찾고 있는
인생은
목적지도 모르고
시계 바늘에 쫓겨 다니는
나그네다

인생은
세월을 방황하는 기차다

비파담

한가로이 마음이 머무는
푸른 옹달샘
파문을 헤치며 들어왔지만
주위의 혼돈 속에 빠져
헤어나지 못하고
제 자리서 맴도는데
가만히 다가와
바라보고 있는 그대

소용돌이 사이로
안개처럼 피어나는 물보라
뽀오얀 꽃송이 흩뿌리며 지나고
오색무지개 걸쳐진 언덕에
청아하게 울리는 소리에
살랑대며 일어나는 바람
자리 뜨지 못하고 머뭇거리다
무심히 눌러 앉은 세월

끊임없는 숲의 장단에
산새의 꽁지가 춤추고
녹음 속으로 스미는
은빛 물결은

마음에 묵은 때마저 벗겨서
파란 이끼 위어 걸쳐두고
여름을 비집고 던져진
생을 향한 화두의 빈 자리
변함없는 향기로 채워진다

가을인 듯
햇살이 스쳐간다

솔아 솔아

저 먼 바닷길 따라
돛배 다가오면
갈매기 먼저 마중을 나서고
거친 파도가 솟구칠 때
달그림자 일렁이는 사이
모아두었던 그리움이
쏟아진다

혼자 지고 가야 할
무쇠덩어리 같은 고독
발아래 깊이 묻어 놓고
이 백 년 세월 속에
겹쳐지는 회한
하얀 포말 위에 내려놓으면
폭풍 몰아치는 티끌세상 건너
부운처럼 흘러간다

스치는 바람과 희롱하며
까만 밤 하얗게 불태울 때

매듭짓지 못한 시의 자투리
허공을 맴돌지만
오늘도 변함없이 태양은 떠오르고
부르지 못한 사랑의 노래
차가운 바위틈을 파고든다

낙락장송은
그래도 푸른 미소 잃지 않았다

갈바람

기울어진 햇살
발걸음 옮겨가는 곳
짙어지는 그림자
소리 없이 미끄러지고
길게 늘인 꼬리 따라
흔들리는 황금 들판
그 사이를 서성이는 바람

코스모스 향 번지는
언덕 아래를 스쳐 지나는
붉게 물든 단풍 잎
가을의 장막을 걷어버리고
기러기 강물 위를 노 저어
하얀 모자 덮어 쓴 억새도
제 갈 길을 달려간다

스산한 촉감 따라 나선 낙엽
영문도 모른 채 떨어져
황톳길 위를 뒹굴고
빛바랜 들국화 넋 놓고 있을 때
바람이 햇살 틈을 비집고
휑하니 새로운 그림을 그린다

가을은
바람 따라 흐르고 있다

홀로

들판 한가운데
땅과 하늘의 경계지에 서서
서로의 만남을 중재하고
왠지
허전한 반 쪽 가슴을 쓸어가며
차가운 겨울을 건넌다

별 빛 사라진 자리
바람이 주고 간
손끝의 하얀 얼음 꽃
아침 해와 낮가림으로 떠나버리고
외로운 새 한 마리
찾아와 길 벗 삼는다

사방이 고요한
텅 빈 공간에 서서
묵묵히 초원을 지키는 파수꾼

부단하게 다가오는 인연들
망각의 강에 던져 버리고
초연히 뿌리내린 자리에
기꺼이
나 홀로
나무가 되었다

소천지

푸른 바다가
한 쪽으로 비켜선
작은 웅덩이
찾는 이 없는
거울 수면 위로
파르르 한 줄기
바람이 지나간다

창살 같이 늘어선
검은 바위 사이로
동백꽃 붉은 빛 물들고
멀리서 한라산
그리움 안고 들어오니
작은 바다가
가득 찬다

작은 우주
소천지 부벽 위로
노을이 넘어 간다

차귀 遮歸

파란 하늘
소리개 한 마리
아득히 창공을 돌아서
슬그머니 물 위에 앉았다

거친 파도에 맞서
장엄한 위엄을 뿜으며
미동조차 없이
기다림만 길어지는데
바다 깊이 가리 앉은 외로움
돌아올 줄을 모른다

석양에 붉게 물든 바다 위
포효하던 날갯짓
웅크린 그림자마저 일렁이고
못 다한 사랑의 노래는
가물거리는 수평선 너머
가마득한 암벽을 탄다

툭 떨어져
밤새워 물결을 헤집고 다녀도

돌아갈 수 없는 그리움
차귀도 해변을 떠돈다

아끈다랑쉬

무심코 따라 나섰다
뿔뿔이 흩어진 자리에
울먹이던 모습 간직한 채
봉긋 그리움만 남았다

화려한 불꽃이 사방으로
길 찾아 날아가는데
방향도 모르고 수줍은 듯
가만히 기다림만 길어진다

긴 세월의 회유 속에
사랑했던 흔적만이
한 때 격정의 회오리가
헛된 것이 아니었음을 전한다

표현하지 못한 사랑이
더 아름답게 보일 때도 있다

연서

물빛 고운 언덕 위에
활짝 피워 올라
코끝을 감싸고도는
보랏빛 향기

뜨거운 태양의 애무 받으며
산 그리매 아래로
스며 숨어들어
그리운 임의 자취를 남긴다

어느 여인의 소매 끝에
흩뿌려진 강렬한 채취
스쳐간 어제의 기억들이
푸른 호수에 녹아들어
잊지 못할 그리움으로
저 하늘 아래로 떠나간다

좁쌀처럼 흩어진 마음이나마
의지하려 안긴 저 하늘 끝
머나먼 어딘가에서
꿈꾸는 유월을 기다리며
돌아오지 않을 연서를 띄운다

- Lavender 향기에 취해

산행

푸른 호수를 비껴
터벅터벅 올라
하얀 바위의 기슭
기대어 선 오솔길 위에서
구름을 타고 노닌다

준산고봉 굽어보며
산모퉁이 돌아갈 때
이슬 머금은 산 꽃
천상의 미소로
손님맞이를 한다

깎아지를 듯
험준한 산세지만
언제나처럼
포근하게 반겨주는
자연의 넉넉함으로
이 자리를 지키고 있으니
다시 또 찾아드는
산

산의 품은 엄마처럼
포근하다

금빛 사랑

새 한 마리
가만히 세상을 품고 내렸다

웅장한 날갯짓 접고
언덕 위에 둥지를 트니
거친 숨 몰아 쉰 예술혼
불세출의 작품 속에 녹아들어
경이로운 감동을 자아낸다

오로지 한 여인에게 바친
불같은 사랑의 휘모리
바람 타고 돌아가는
사랑의 수레바퀴가 실어 나른
찬란한 금빛 유산

한 시절 풍미하며 빚어낸
영광의 흔적들이
격정의 소용돌이를 돌아다닌
말발굽처럼 켜켜이
세월을 지탱하고 섰다

베르사유 궁전에는
사랑이 교교히 흐르고 있다

- 새별오름에서

억새 몸으로 운다

망설임에 움추려 든
촉수를 자극하여
하얀 구름 물결을 일으킨 것은
결국 바람이었다

폭발하듯 피어나는
억새 꽃 무리가
언덕 아래로
들불처럼 번져가며
마지막 봉오리가 터질 때까지
바람이 함께하였다

흔들리는 꽃대 위로
몽실거리는 안개처럼
피어오른 그리움
바람 따라 흩어져 사라질 때
설움에 겨운 억새는
숨죽이고 몸으로 운다

노트르담의 종소리

세느강 물결은
변함없이 굽이치고
첨탑을 흔드는 종소리
꼽추의 간절한 염원 싣고
나지막이 깔린 안개 속으로
퍼져나간다
뎅그렁

은반에 반사되어
물 위를 떠다니는
달빛 종소리
퐁네프다리를 울리면
시테의 연인들 발길 멈추고
움츠린 어깨 매무시며
속삭이는 음성 들려온다

가만히 적셔오는
성모의 은총
스테인드글라스 붉게 물들고
강물도 숨죽여 흐느끼고 있는데
외로운 기도의 목소리

흔들리는 불빛 아래 촛농처럼
하염없이 흘러내린다

새벽이 오는 길 따라
알알이 여문 천사의 바램
수정 꽃잎이 핀다

아베 마리아 ~

Notre-Dame de Paris
사라진 모습을 떠올리며 -

흰여울

쪽빛 바다는
왜
자꾸만
하얀 분칠하고 다가와
속삭일까

갈 때는
슬그머니
치마 끌며 사라지더니
시침떼고 돌아와
아는 척한다

물결 따라
떠나가는 배
우두커니 바라보고 선
언덕 위의 하얀 집
왔다가 사라지는
흰여울 너머로
수평선만 바라본다

흰여울 가는 길에
내 마음도 가만히 올려본다

216 징검다리

비움

회색빛 벽돌담을 돌아
네온사인 반짝이는 유혹
어딘가를 찾아 열심히 뛰지만
언제나 도토리 쳇바퀴
그 굴레 벗어날 길이 없네

어 허 야
모든 것 내려놓고
가만히 떠나면 그만인 것
가슴에 품고 가지 마라

창공을 날아오르는 소리개
버리는 법을 익히지 않았다면
저렇게 가벼울 수 있을까

작은 미련의 끄나풀
칼로 베듯 잘라버리고
모든 것을 비워버린
번뇌가 사라진 자리

그대 빈 잔에 술을 따르리

산정

풀 한 포기 없이
차가운 바람만 영접하는
지경 밖의 세상
백운암 흘러내리는
가파른 절벽 위로
호기심만 떠돌아다닌다

얼음장 같은
천지간의 외줄타기
초면에 경외심만 커져가고
절벽 가장자리
얼어붙은 다리로

저 아래 세상을 바라본다

새들도 오지 않는
천형의 영역
내리쬐는 햇살이 무색하게
황량함이 떠돌고 있는데
포르도이 산 홀로
빈 하늘을 채우고 있다

폭포 옆에서

하늘을 뒤덮은
하얀 물보라를 헤치며
터널 길 따라 내려간 물속에는
땅 속을 파고드는 굉음과
라인강 깊은 속살이 보인다

알프스 빙하의
뜨거운 사랑으로 발원하여
산 속을 유람하던 강물이
유럽 대륙을 꿰뚫고 지나야 할
먼 항해에 필요한 힘을 비축하기 위해
이 폭포에서 담금질을 한다

가랑잎처럼 나풀거리는
유람선에 기대어 폭포에 다가서면
세찬 비바람 사정없는 물세례로
환영의 인사를 건네고
사람들 환호성으로 화답한다

물이 가는 길에
마음도 따라 떠날 것 같다

달력 한 장

문턱에 걸려
펼치지 못하고 남은
마지막 달력 한 장

그리워하면서도
외면하는 추상화 같은 미래가
마음을 복잡하게 만들고
하얀 연기로 가려진
주점에서 내미는
소주 한 잔의 유혹에
별빛도 취해서 깜빡이는데

어둠이
일상인 양 드리워진 골목길엔
겨울이 다가와
친구처럼 곰살거린다

징검다리

인쇄일 2023년 2월 23일
발행일 2023년 3월 5일

지은이 정원석
펴낸이 박철수
펴낸곳 도서출판 해암

등록번호 제325-2001-000007호
주소 부산시 중구 대청로 138번길 9 (대원빌딩 302호)
전화 051)254-2260
팩스 051)246-1895
메일 haeambook@daum.net

ISBN 978-89-6649-232-9 03810

값 25,000원

글 · 사진 ⓒ 정원석. 2023